Para Elena Quintana, pessoa amorosa,
que narra histórias de um jeito surpreendente.
Tive a sorte de poder passar uma tarde
ouvindo suas aventuras com o tio Mario.

1ª edição, 2020

Texto adequado às regras do novo Acordo Ortográfico da Língua Portuguesa

Coordenação editorial: Miriam Gabbai
Editor assistente: Ricardo N. Barreiros
Revisão: Ricardo N. Barreiros e Talita Wakasugui
Diagramação: Thiago Nieri

Dados Internacionais de Catalogação na Publicação (CIP)
Angélica Ilacqua CRB-8/7057

Caruso, Carla

Mario Quintana / Carla Caruso ; ilustrações de Angelo Bonito. – São Paulo : Callis, 2020.
24 p. : il., color. (Crianças Famosas)

ISBN 978-85-454-0061-5

1. Quintana, Mario, 1906-1994 - Infância e adolescência - Literatura infantojuvenil 2. Literatura infantojuvenil 3. Poetas brasileiros – Literatura infantojuvenil I. Título II. Bonito, Angelo, 1962- III. Série

19-2730 CDD: 028.5

Índices para catálogo sistemático:
1. Literatura infantojuvenil 028.5

ISBN: 978-85-454-0061-5

Impresso no Brasil

2020
Callis Editora Ltda.
Rua Oscar Freire, 379, 6º andar • 01426-001 • São Paulo • SP
Tel.: (11) 3068-5600 • Fax: (11) 3088-3133
www.callis.com.br • vendas@callis.com.br

Crianças Famosas

Mario Quintana

Carla Caruso e Angelo Bonito

callis

Se as estrelas falassem, elas contariam, pisca-piscando, que naquela noite fria, numa ruazinha da pequena cidade de Alegrete, no sul do Brasil, nascia um menino muito especial e azul.

– Marieta, aqui está: dois tostões pra você comprar rapadura – disse o pai.

Marieta correu para chegar antes que a venda fechasse, às 8 da noite.

– Ufa, consegui! – suspirou Marieta.

Nessa mesma hora, nascia seu irmãozinho azul. A família comemorou com a rapadura. Era dia 30 de julho de 1906. Filho de Celso de Oliveira Quintana e Virgínia de Miranda Quintana.

Chegou apressado, nasceu antes da hora. Deram-lhe o nome de Mario de Miranda Quintana. Muito branco, quase transparente, de olhinhos azuis, suas veias se viam de longe. Por esse motivo diziam que era azul.

Só as estrelinhas não sabiam disso.

— Como é pequeno – diz Milton, o mais velho.

– Ele cabe numa caixa de sapatos. Olha, mãe! – grita Marieta.

– Silêncio, meninos. Deixem o nenê dormir – fala Virgínia.

Embalado assim, com amor, o menino azul deixa aos poucos as fraldas, fala suas primeiras palavras, anda pra cá e pra lá. E todos brincam com ele:

– O que é que você tem na barriguinha, Mario?

– Bolachinha – ele diz. E sempre diz bolachinha.

O pai, apesar de ser muito severo, faz uma brincadeira, dizendo:

– Quando perguntarem o que é que você tem na barriguinha, você diz: cocô.

Um dia, dona Finoquinha, uma tia muito fina e educada, visita a família e brinca:

– O que é que você tem na barriguinha, Mario.

– Cocô.

Tia Finoquinha torce o nariz e franze a testa. O pequeno Mario, claro, não entende.

– Mario, venha comer – chama tia Béia, irmã de sua mãe. O menino olha através da janela. O céu, as nuvens. Na ruazinha, passa uma pessoa, passa outra. O som de um martelo, os pássaros voam. Mario quase nunca sai pra brincar, sempre doente: caxumba, catapora, sarampo, rubéola e tantas outras.

– Eu queria brincar lá fora – Mario cochicha pra caturrita. E ela repete: "fora, fora".

Quando consegue, é uma alegria, mas se dá um espirro...

– Já pra dentro, Mario.

Pronto, agora que o menino azul não sai mais de casa.

"Um menino por trás de uma vidraça", "um menino de aquário".

– Venha, Mario – repete a tia.

O menino deixa a nuvem seguir, um dragão de longa cauda.

Na mesa, o pai, a mãe, os irmãos e a tia. Criança não podia falar nessa época.

Mario em silêncio pensa: “Será que o dragão encontrou o príncipe valente?”.

As estrelas continuam a olhar para o menino azul. E, numa noite do ano de 1910, uma surpresa: todas as pessoas de Alegrete saem de suas casas para observar o céu. Um cometa, chamado Halley, passará muito próximo à Terra. Mas Mario nem sabe o que é um cometa, o que vê é um...

– Cavalo!

E vai dormir feliz.

Entre o céu e a terra, o guri tem sorte de ser sobrinho da tia Béia, que inventa brincadeiras.

– Mario, vamos brincar? – diz Milton.

– Vem, Mario – insiste a tia Béia. – O papel já está aqui. Eu começo!

Tia Béia traça uma linha no papel. Milton e Mario têm que fazer um desenho a partir daí.

– Não vale fazer cobra – explica a tia.

– Um grilo, tia! – exclama Milton.

– Cri, cri, cri, cri – faz Mario.

Se a tia brinca, a mãe, toda noite, lê poemas para ele. A voz doce e delicada de Virgínia é música para Mario, que adormece com o leve som das palavras. Bem diferente da voz do pai, trovejante, que conta sempre o episódio do gigante Adamastor, do grande poeta português Luís de Camões.

— Sentem-se todos porque o gigante está chegando – diz o pai e, com uma voz que parece estremecer até as janelas, recita:

"... De disforme e grandíssima estatura;
O rosto carregado, a barba esquálida,
Os olhos encovados, e a postura
Medonha e má, e a cor terrena e pálida;
Cheios de terra e crespos os cabelos,
A boca negra, os dentes amarelos."

Mario fica impressionado.

Os relâmpagos da noite do gigante Adamastor acompanham Mario até a cama.

O menino azul aprende a ler com seus pais. É nas páginas do jornal *Correio do Povo* que, aos sete anos, lê suas primeiras palavras e frases. Os pais também ensinam a língua francesa. Agora, um mundaréu aparece para ele: são os textos dos livros e das revistas. Mario segue cada frase até o fim, e ri com as aventuras do Bolão, Reco-Reco e do Azeitona, personagens da revista *Tico-Tico*. Imagina: "O que será que eles fazem depois que a história termina?", e abraça Turri, o cachorrinho que ganhou. Mario dá esse nome para homenagear a sua caturrita que, uma pena, havia morrido. Turri vinha de caturrita.

– Que menino criativo! – sussurram as estrelas.

Como todas as crianças, chega o tempo de ir à escola. Matriculam Mario na escola da professora Mimi Contino.

– Meninos e meninas, quem não se comportar sentará aqui na frente para praticar crochê! – diz a professora.

É assim que Mario aprende a fazer trancinhas de lã.

Passa a brincar mais na rua com seu amigo Militão e a prima. Sua casa também é sempre muito divertida. Além da tia Béia, que vive com eles, uma infinidade de outros tios e tias visita a família. A tia Lula chama:

– Vem pra dentro, menino.

Cuidado com

o mormaço!

Mario ouve a palavra mormaço com M maiúsculo. E imagina que mormaço é um velho que pega as crianças.

O mundo dos adultos, às vezes, é meio estranho. O tio Pedro aparece todo domingo na casa da família, abre o jornal, lê inteirinho. Fecha o jornal e vai embora sem falar com ninguém.

Os quatro irmãos, Milton, Marieta, Mario e Celso, espiam o tio.

– Hi, hi, hi, ha, ha, ha.

"Uma nuvem. Não, não, um cachorro. E ali, uma espada! Um pirata!"

Mario sempre faz a brincadeira de olhar as manchas da parede.

– Também vejo um pirata – reconhece Milton. E continua:

– Sabia que nosso bisavô era pirata?

– Verdade?

– Os avós da nossa mãe eram holandeses. Saíram fugidos. Na época, separavam: as mulheres iam num navio normal com os filhos e os homens iam num navio de piratas. Mas nosso bisavô morreu porque o navio explodiu. E só chegou aqui a bisa com o filho, que é o nosso avô.

– Que triste... Mas como não temos nome holandês? – pergunta Mario.

– Porque nossa bisa se casou com um português, chamado Miranda. Daí um dos nossos sobrenomes.

Nessa noite, Mario não podia dormir de tanta felicidade. Ter um bisavô pirata não é brincadeira.

— Turri, agora vou à escola nova. Depois brinco.

Mario termina o primário e entra para o colégio do mestre português Antônio Cabral Beirão. Ao mesmo tempo, já ajuda o pai na farmácia.

– Azul de metileno, óleo de fígado de bacalhau – Mario lê os rótulos e, fascinado com os vidros de todos os tamanhos, cheios de líquidos coloridos e com cheiros diferentes, acha que é um lugar impregnado de magia.

Ler os rótulos dos frascos, ler os títulos de livros da biblioteca do pai. As histórias em quadrinhos. Ler é algo que Mario gosta muito. Ele passa os olhos e as mãos pelos livros, escolhe um, olha a capa, o título, o autor. Os livros, como os frascos, também têm cheiros diferentes, próprios de cada um.

– Milton, o que é métrica? – pergunta Mario, que já começa a escrever poemas.

– A medida dos versos. Vamos ver esse aqui, olha.

– Ah, esse meu menino vai entrar para a Academia Brasileira de Letras – diz a mãe, toda orgulhosa.

As estrelinhas piscam umas para as outras.

Mario nem precisa mais de banquinho para pegar os livros na estante da biblioteca do pai. Fez 13 anos e, por incrível que pareça, é hora de partir. Os pais o matriculam no colégio militar de Porto Alegre, em regime de internato.

– Tchau, rua. Tchau, janela. Turri, volto logo – diz ele.

Rumo a Porto Alegre. Escola nova, novos amigos. E muitas matérias para estudar. As que Mario mais gosta são: Português, Francês e História. Publica muitos poemas na revista literária do colégio.

– Não é mais menino... – suspiram as estrelas.

Logo, deixa de ser adolescente. Torna-se um jovenzinho. Volta para casa em Alegrete. Mas seu caminho é em Porto Alegre. Torna-se jornalista, tradutor de importantes obras literárias. Jovem corajoso, luta na Revolução de 1930, no Rio de Janeiro.

Aos 34 anos, lança seu primeiro livro de poemas: *A Rua dos Cataventos.*

Não se casa, não tem filhos, nem uma casa. Gosta de morar num quarto de hotel. Mais velho, tem sua querida sobrinha, Elena Quintana, para ajudá-lo e estar sempre ao seu lado. Recebe muitas visitas: artistas, escritores, leitores apaixonados por sua obra. E há ainda uma visita muito especial nas tardes chuvosas: o gato, morador do telhado do hotel. Plic, plic, plic. Miaauu.

Toda noite, naquela rua onde mora, as casas dormem. Até os grilos sonham, mas lá está a janela iluminada.

– Mario, Mario, já é tarde, vai dormir! – sussurram as estrelas.

Carla Caruso é escritora e ilustradora, formada em Letras pela PUC de São Paulo. Recebeu alguns prêmios literários, foi finalista do Prêmio Jabuti com o livro *Almanaque da palavra*, da Callis Editora, em 2015. E recebeu o Jabuti duas vezes: em 2010 com o *Almanaque dos sentidos* e em 2016 com o *Sete janelinhas*, em coautoria com May Shuravel, ambos da Editora Moderna. Leitora da obra de Mario Quintana, tem o prazer de apresentar ao leitor a beleza da infância desse maravilhoso poeta.

Angelo Bonito desenha desde criança. Quando adolescente, trabalhou em agências de propaganda, tornando-se ilustrador. Com estúdio próprio, atua nos mercados publicitário, editorial, empresarial e de artes plásticas.